COLLECTION

M. LE MARQUIS DE VILLAFRANCA

CATALOGUE

DES

TABLEAUX ANCIENS

PORCELAINES DE SÈVRES, DE SAXE ET DE CHINE

BONHEUR DU JOUR

TAPISSERIES

PROVENANT DE FEU

M. LE MARQUIS DE VILLAFRANCA

DUC DE FERANDINA DE MONTALTO

COMTE D'ADERNO, DE CENTORBE, GRAND D'ESPAGNE

dont la vente aura lieu

HOTEL DROUOT, SALLE N° 1

Le 21 Avril 1870, à deux heures et demie précises

EXPOSITIONS

PARTICULIÈRE	PUBLIQUE
le mardi 19 avril 1870	le mercredi 20 avril 1870

DE DEUX HEURES A CINQ HEURES

Mᵉ ESCRIBE, commissaire-priseur

6, rue de Hanovre, 6

POUR LES TABLEAUX	POUR LES CURIOSITÉS ET LES TAPISSERIES
M. HARO, peintre-expert	**MM. DHIOS et GEORGE**
chevalier de la Légion d'honneur	experts
14, rue Visconti, 14	33, rue Le Peletier, 33

CE CATALOGUE SE DISTRIBUE

A PARIS

CHEZ

M⁰ ESCRIBE, commissaire-priseur

6, rue de Hanovre, 6

ET CHEZ

M. HARO, peintre-expert	**MM. DHIOS et GEORGE**
chevalier de la Légion d'honneur	experts en objets d'art et curiosités
14, rue Visconti, 14	33, rue Le Peletier, 33

CONDITIONS DE LA VENTE

Elle sera faite au comptant.

Les adjudicataires payeront 5 0/0 en sus des enchères.

Dans ce catalogue, nous avons suivi autant que possible la traduction littérale des légendes qui sont placées en haut et en bas dans les ornements si délicats dus au pinceau de Jan Van Kessel, et qui forment un encadrement si remarquable à chaque tableau.

Nous avons cru devoir reproduire avec exactitude toutes les inscriptions (y compris leurs fautes). Nous croyons, par le caractère, le ton et la couleur, que les lettres peintes sur les socles des grisailles sont dues au pinceau de David Téniers; et nous pensons également que les légendes placées sur les armoiries ont été reproduites par Jan Van Kessel.

HARO.

Il se présente rarement à l'admiration des connaisseurs une collection de tableaux ayant cette certitude d'origine, cette unité de but et ce cachet d'authenticité irrécusable. Parmi ces tableaux, tous peints sur cuivre et d'une conservation étonnante, huit sont de David Téniers et composent la première série ; les douze suivants, formant la seconde, ont pour auteurs Van Herp, Gentil et Van der Meulen. Les uns et les autres sont encadrés de merveilleuses bordures d'une délicatesse inouïe d'exécution, par J. Van Kessel. Mais d'où viennent ces chefs-d'œuvre inconnus ? diront les amateurs toujours méfiants. Oh ! ne craignez rien. Ils ont leurs papiers, leurs parchemins, leurs titres, leur généalogie comme des grands d'Espagne de première classe, qu'ils sont, en effet, dans la noblesse et dans l'art. Le garde des Archives de la maison de Villafranca, don José Hojos, leur donne le certificat d'origine, que nous transcrivons en lui laissant sa forme héraldique. « Comme garde que je suis de la maison de Votre Excellence, j'ai examiné, par votre ordre, les documents qui peuvent avoir rapport avec l'origine des tableaux et des tapisseries des Moncada dans la maison. Il résulte que, par le mariage de Don Fernando d'Aragon et Moncada, huitième duc de Montalto et de Bivona, prince de Paterno, etc., etc., célébré l'an 1664, avec Dona Maria Teresa Fajardo et Rivera, septième marquise de Los Velez, sixième marquise de Molina et de Martorell, les tableaux et les tapisseries des Moncada vinrent à la maison des marquis de Los Velez. Leur fille Dona Catalina d'Aragon et Moncada Fajardo et Rivera, huitième marquise de Los Velez, septième marquise de Molina et neuvième duchesse de Montalto, épousa Don Fadrique Alvarez de Toledo Osorio, huitième marquis de Villafranca, cinquième duc de Ferdinanda, troisième marquis de Valeluego, etc... Dans le testament de Don Antonio Alvarez de Toledo, marquis de Villafranca, etc., etc., daté du 15 février 1774, devant l'écrivain public, Miguel Tomas

Paris, il déclare que son ayeule Dona Catalina d'Aragon et Moncada lui ordonna que les tableaux et les tapisseries des Moncada fussent conservés dans le majorat de la famille, où ils sont restés jusqu'à ce jour. »

Voilà des tableaux qui ont leurs passe-ports bien en règle, car il faut leur rendre cette justice qu'ils ne s'en sont pas servis pour courir le monde ; d'ailleurs, s'ils en avaient eu la fantaisie, ils n'auraient pu se la passer, étant enclavés dans le majorat, fixés pour toujours au mur féodal de la grande maison dont ils furent l'honneur et l'ornement, *vinculados* (enchaînés), comme dit l'énergique expression espagnole. C'est pour cela que tant de chefs-d'œuvre ont été si longtemps prisonniers au delà des monts. Ce mot de Louis XIV : « Il n'y a plus de Pyrénées, » ne s'étendait pas jusqu'aux arts.

Des révolutions politiques, des changements de mœurs, l'invasion des idées modernes, ont rendu la liberté à bien des œuvres remarquables, condamnées jusqu'à présent à une obscurité relative dans de grands châteaux déserts et des palais abandonnés que visitent à peine de loin en loin leurs nobles propriétaires. C'est le cas de la collection unique pour laquelle nous écrivons ces lignes.

Ces tableaux furent peints dans les années 1663 et 1664, par ordre de Don Ferdinand d'Aragon et Moncada, duc de Montalto et de Bivona, grand seigneur napolitain, descendant de la famille Moncada, qui maria sa fille Dona Catalina d'Aragon avec Don Fadrique Alvarez de Toledo, marquis de Villafranca, seigneur espagnol, et c'est ce mariage qui fit passer en Espagne, dans la famille des Villafranca, cette suite de peintures, également intéressantes au point de vue de l'histoire. Don Ferdinand d'Aragon, en commandant ces peintures aux habiles artistes qui les exécutèrent, avait pour but de perpétuer la mémoire des hauts faits de ses aïeux. Il comptait des héros parmi ses ancêtres et il en était fier, orgueil bien légitime. Ces Moncada chevaleresques avaient l'instinct de défendre, de sauver et de marier des reines. Et ce sont ces légendes, parfaitement authentiques, qu'on prendrait pour des épisodes d'*Amadis des Gaules* ou de *Florimart d'Hyrcanie*, qu'ont illustrées Téniers, Van Herp, Gentil, Van der Meulen, et que Van Kessel entoura de bordures peintes dont nul cadre ne saurait égaler la valeur.

Un court résumé des faits historiques est peut-être nécessaire à l'intelligence de ces compositions qui se succèdent, et forment suite comme les illustrations d'un livre dont on n'aurait pas le texte, et que les brèves inscriptions latines placées au bas de chaque cadre n'expliquent pas suffisamment. Nous puiserons ces renseignements dans le livre publié en 1657, par le père Don Giovanni Agostino della Lengaglia, sur l'histoire et la généalogie de la fa-

mille Moncada, et dédié à Don Louis Guillaume de Moncada, prince de Palerme, duc de Montalto et de Bivona,
qui fut vice-roi de Sicile et de Sardaigne. Les huit tableaux de Téniers représentent l'épisode de la vie de Don
Antonio Moncada, comte d'Aderno, qui, se trouvant en
1410 au service de la reine Blanche de Sicile, fut nommé,
par celle-ci et les grands du royaume, général en chef
pour combattre les rebelles, commandés par Don Bernard
Cabrera, comte de Modica, qui était parvenu à bloquer la
reine dans son château de Palerme. Il la délivra, réussit à
l'embarquer et à la mettre en sûreté dans la forteresse de
Syracuse. Il attaqua ensuite les rebelles, les dispersa et
pacifia la Sicile. Il remit la reine Blanche sur le trône,
laquelle, reconnaissante de si grands services, le combla
d'honneurs.

Dans la seconde série, peinte par Van Herp, Gentil
et Van der Meulen, qui se compose de douze tableaux,
il s'agit encore d'une reine jolie, innocente et persécutée.
Ces Moncada semblent se donner la mission de protéger
et de sauver les reines en péril. A leur héroïsme se joint
une galanterie hautaine et soumise bien digne d'une telle
race. Ce rebelle Don Bernard Cabrera, comte de Modica,
était en même temps un amoureux : il en voulait autant
aux charmes de la reine qu'à son pouvoir. Le palais pris
d'assaut, il se coucha dans le lit de Blanche, mais, ajoute

finement le père Don Giovanni Agostino della Lengaglia,
la colombe était envolée ; il eut le nid et non l'oiseau.
Ces conspirateurs éperdument épris nous plaisent, et la
déclaration d'amour à main armée a quelque chose d'héroïque : l'émeute-madrigal, Ovide n'avait pas prévu cela
dans son Art d'aimer.

Passons à la seconde série, peinte par Van Herp, Gentil et Van der Meulen, encadrée comme la première
de riches bordures dues au pinceau délicat de J.-V.
Kessel. Les tableaux qui la composent représentent un
épisode de la vie de Don Guillaume Raymond de Moncada, troisième du nom, comte d'Agosta (1384). Ce
seigneur sicilien, désirant le mariage de la reine Marie de
Sicile avec Don Martin d'Aragon, petit-fils du roi Pedro
d'Aragon, et la trouvant dans le château d'Ursino de Catane, prisonnière du comte Artal de Alagon qui la voulait marier avec le duc Visconti de Milan, la délivra, la
mit en sûreté dans son château d'Agosta, puis se rendit en
Espagne, se présenta au roi Don Martin d'Aragon, et obtint
de lui le mariage qu'il désirait. A son retour, il pacifia la
Sicile, tant par la force que par la clémence, fut comblé
d'honneurs et nommé grand connétable.

Avec ce court sommaire, les chapitres de ce roman,
d'une scrupuleuse exactitude historique, deviennent aisé-
ment intelligibles, et l'intérêt des peintures, si remarqua-

bles par elles-mêmes, en augmente d'autant. Mais, diront les amateurs, qui ne connaissent, et ils sont bien dans leur droit, David Téniers le jeune que comme un peintre de kermesses et de tabagies, comment cét artiste, qui excelle à rendre des paysans de Flandre buvant de la bière dans des vidrecomes ou fumant de longues pipes de terre blanche, a-t-il pu exécuter pour un grand seigneur ces sujets héroïques si en dehors de sa manière habituelle? Cela n'est pas vraisemblable! Une visite au musée royal de Madrid, si riche en tableaux flamands, les convaincrait bientôt de la possibilité d'une pareille anomalie. On y voit en effet une toile représentant *une Galerie de tableaux visités par des gentilshommes*. Nous l'avons nousmême admirée sur place dans notre voyage en Espagne, et voici ce qu'en dit Louis Viardot, dont le témoignage n'est pas suspect : « En signant cette toile, Téniers écrivit à la suite de son nom : *Pintor de la Camera* (pour *Camara*) *de S. A. S.* Voici l'explication de ce sujet et de cette devise espagnole. L'archiduc Albert, gouverneur des Pays-Bas pour l'Espagne, avait chargé notre peintre de lui composer non pas un cabinet d'amateur, mais une galerie de prince. Quand il eut rempli cette mission délicate à la satisfaction de son commettant, Téniers eut l'idée d'en perpétuer le souvenir par un tableau. On y voit l'archiduc, en compagnie de quelques seigneurs, en-

trer dans la galerie où Téniers, qui s'est également mis
en scène, lui présente des dessins étalés sur une table.
Du haut en bas des murailles sont rangés les tableaux de
son choix, fidèlement copiés et réduits à des proportions
miscroscopiques, mais où l'on reconnaît néanmoins, outre
le sujet, la touche de chaque maître. La plupart de ces
tableaux ainsi représentés sont connus, sont célèbres, et
plusieurs d'entre eux se voient maintenant au musée de
Madrid, près du cadre qui les réunit tous. Quant aux
figures, qui sont des portraits, elles ont autant de vérité et
beaucoup plus de noblesse que les personnages ordinaires
de Téniers. Je n'ai pas besoin d'insister davantage sur
la perfection et le prix de cette œuvre singulière, aussi ori-
ginale sans doute et bien plus importante que la *Valen-
cienne secourue du Musée d'Anvers*. A cette classe de
tableaux faits en dehors de l'habitude du maître, appar-
tient aussi une série de douze petits cadres représentant
tout l'épisode d'*Armide et Renaud* dans la *Jérusalem dé-
livrée*, depuis les premiers enchantements de la magi-
cienne pour séduire le héros chrétien, jusqu'à l'arrivée
des deux chevaliers qui le rendent à la raison et à ses
devoirs. Un tel sujet fut commandé sans doute à Téniers,
qui se montre fort gauche dans cette peinture héroïque, et
fort embarrassé de traduire gravement ces types de
beauté et de noblesse, cette Vénus et ce Mars que lui

fournissait l'épopée italienne. Mais sous la gêne du sujet, son pinceau conserve néanmoins toute sa liberté, tout son éclat, toute sa force, et c'est un curieux spectacle que cette lutte obstinée, et renouvelée douze fois, du peintre contre la nature, et d'une exécution puissante contre une composition manquée jusqu'au ridicule. »

Après cette citation, on ne s'étonnera plus de voir Téniers traiter des sujets historiques, et l'on comprendra pourquoi la commande lui en fut faite par Don Ferdinand d'Aragon et Moncada, duc de Montalto et de Bivona, comme à un peintre habitué à travailler pour les grands seigneurs d'Espagne et de Naples. Ce titre : *Pintor de la Camara de S. A. S.*, dit tout.

Si Téniers a pu être un peu ridicule, comme le dit fort bien Louis Viardot, dans la peinture des amours de Renaud et d'Armide, il s'est montré plein de tournure et de noblesse dans les gentilshommes visitant une galerie de tableaux. Il en est de même de la série des compositions qui représentent les hauts faits d'Antoine de Moncada. Là, il ne s'agissait pas de nymphes et de petits génies mythologiques, mais bien d'êtres réels posant les pieds sur le terrain où nous marchons, et dans ce cas, le peintre flamand retrouve toutes ses qualités. Téniers, s'il est plus à l'aise au cabaret, sait tenir convenablement sa place dans un salon, et il ne faut pas oublier que s'il regarde danser, boire et fumer les paysans, c'est le plus souvent par la fenêtre de son château. L'artiste a donc peint avec l'accent de nature, la finesse de coloris et la précision de touche qui le caractérisent, ces hauts personnages dans leurs habits de cour et leur harnais de bataille. Vêtus de soie et de velours ou bardés de fer, agenouillés sur les marches du trône ou lançant leurs chevaux à travers la mêlée des rebelles, il a su leur donner l'élégance et la noblesse convenables; la reine et les dames qui l'accompagnent ont de la distinction et de la grâce, sans sortir de la réalité. Ce n'est pas de l'histoire académique, mais de l'histoire familière et vraie dans le goût de Terburg lorsqu'il peignait le *Congrès de Munster*.

Ces huit tableaux sont charmants et de la plus amusante variété. L'action s'y déroule à travers un perpétuel changement de décors qui amène des intérieurs, des paysages, des marines, des vues de villes et de citadelles assiégées, favorables au talent du peintre, qui y déploie en toute liberté sa couleur facile, harmonieuse et brillante. Souvent, dans le coin de la composition jappent quelques-uns de ces petits chiens épagneuls chers à Téniers, et qui pourraient au besoin servir de signature à ses tableaux. Ces compositions charmantes sont encadrées de bordures peintes par J. Van Kessel, qui a varié avec un goût parfait la nature des attributs, selon la nature des sujets.

S'agit-il d'une bataille : l'encadrement est encombré de casques, de cuirasses, de boucliers, de drapeaux, de canons et autres engins de guerre. Le tableau représente-t-il une marine : toutes les productions de la mer, madrépores, coraux, coquillages, poissons des formes les plus étranges, diaprés de vives couleurs, méduses, pieuvres aussi bizarrement horribles que celle du roman de Victor Hugo, s'entremêlent dans la bordure. Le sujet a-t-il trait à une scène de luxe et de bonheur : Van Kessel fait reluire les splendides orfévreries, entr'ouvre les coffrets à bijoux, suspend à des files de perles les médailles d'or, place avec d'heureuses symétries les vases de bronze et d'argent ; et tout cela est rendu avec cette netteté étincelante, cette abondance et cette finesse de détail, ce brillant de couleur que personne n'a possédés à un plus haut degré. A travers ces attributs figurent des marbres simulés, statues ou bustes, et se jouent de petits génies, d'une touche souple et grasse, où il est aisé de reconnaître la manière de Téniers et le souvenir des chairs roses de Rubens, son maître.

En artiste docile qui se subordonne au tableau qu'il doit entourer de ses délicats ornements, Van Kessel accorde sa palette avec celle du maître qu'il guirlande. Blond près de Téniers, il adopte une gamme plus grise lorsqu'il s'agit d'encadrer Gentil, et il sait rappeler, dans ses bordures, cette note de bleu d'outre-mer qu'affectionne Van Herp. Ces cadres ornementés, d'un fini plus achevé que la plus précieuse miniature et d'une fécondité inépuisable d'invention, font honneur à Van Kessel et doublent le prix des tableaux qu'ils entourent.

Van Herp, Gentil et Van der Meulen ont raconté, en douze compositions, la légende de Don Guillaume Raymond Moncada. Dans les figures de Van Herp, on sent le peintre habitué à l'histoire : ses groupes sont bien arrangés, son dessin est élégant et fier ; ses ajustements, quoique peu romanesques, ont de la grandeur. Gentil, comme s'il voulait conformer son talent à son nom, a de la grâce et réussit particulièrement les personnages féminins. Van der Meulen, qui, du reste, n'a peint qu'un seul de ces douze tableaux, se reconnaît à l'air de noblesse de ses cavaliers, aux têtes busquées et aux croupes arrondies de ses genets d'Espagne, et aussi à cette pompe qui le rendait si propre à représenter les campagnes du grand Roi. Si sa signature ne se lit pas dans un angle du tableau, cherchez-la sur la courroie qui ceint le poitrail du cheval piaffant à la gauche du spectateur, et vous la trouverez.

Comme si ce n'était pas assez de reproduire en peinture les mœurs des ancêtres, la famille a fait exécuter en tapisserie de Flandre six tableaux choisis parmi la collection. Ces tapisseries, d'une conservation magnifique, dont le temps n'a pas éteint la vivacité harmonieuse, sont dignes de recouvrir les parois des plus riches palais.

Quelques toiles de Coello, des services de Sèvres en pâte tendre, venant de la même provenance, font aussi partie de cette vente; mais parmi ces curiosités se recommande un petit bonheur du jour en bois de rose garni de plaques en vieux Sèvres, et de cuivres dorés d'une admirable ciselure. C'est un bijou, c'est une merveille, et jamais, dans le joli style Louis XVI, si fort à la mode aujourd'hui, il n'a rien été produit de plus achevé et de plus pur.

THÉOPHILE GAUTIER.

TABLEAUX

TABLEAUX ANCIENS

TÉNIERS (DAVID) le jeune,

né à Anvers, en 1610 mort en 1690 (?) élève de son père, David le vieux;

KESSEL (JAN VAN) le vieux,

né à Anvers, en 1626, mort en 1678 (?), fils de Gérôme.

1. — Antoine Moncada, premier de ce nom, comte d'Aderno, est envoyé par la reine Blanche de Sicile pour convoquer les états du royaume et il reçoit pour cela de très-amples pouvoirs par lettres royales.

La reine, assise sur son trône, entourée des seigneurs de sa cour, donne à Antoine Moncada, qui est agenouillé près du trône, la lettre royale. Des guerriers, des pages, des dames de la suite de la reine sont présents à cette cérémonie.

Signé à droite : D. TÉNIERS fec.

Ce tableau est entouré d'une riche bordure, peinte avec la plus grande délicatesse par J. Van Kessel, représentant des allégories guerrières : à droite et à gauche, des bustes, la victoire et la renommée, des génies portant des palmes que nous attribuons à David Téniers ; des armures, des couronnes, des fleurs, des drapeaux, etc., et d'autres attributs enrichissent ce magnifique encadrement.

On remarque aussi les armoiries de la famille Moncada avec les légendes suivantes :

En haut :

ANTONIUS MONCADA
HUJUS NOMINIS PRIMUS COMES
ADERNIONIS

Et en bas :

A REGINA SICILIÆ BLANCA AD CONVOCANDA
REGNI MITTITUR ET AD HOC REGIIS LITTERIS
AMPLISSIMAN (sic) OBTINET POTESTATEM.

Signé à gauche, en bas, dans l'encadrement, J. V. KESSEL, fecit 1663.

Cuivre. — Hauteur, 54 cent. — Longueur, 68 cent.

TÉNIERS (DAVID) le jeune,

et KESSEL (JAN VAN).

9500

2. — Par les États généraux du royaume, Antoine Moncada est élu général en chef de la guerre pour repousser à l'aide d'une vaillante armée Cabrera qui trahissait la reine.

La reine, assise sur son trône, sous un dais de velours, remet à Antoine Moncada l'insigne du commandement. Cette composition est enrichie par un grand nombre de figures, parmi lesquelles nous remarquons des moines, des évêques, et les grands du royaume. Au premier plan, des jeunes pages et, détail bien curieux, des petits chiens que Téniers aimait à reproduire dans ses compositions.

Signé à droite : D. TÉNIERS.

Ce tableau est entouré d'une riche bordure peinte avec la plus grande finesse par J. Van Kessel, représentant des allégories guerrières variées et du plus joli goût. A droite et à gauche, peints par Téniers, deux bustes, l'un représentant la Justice, et l'autre la Libéralité des rois ; des génies se jouent avec les attributs de la guerre ; des fleurs, des drapeaux ; des armures ornent ce magnifique encadrement.

On remarque aussi les armoiries de la famille Moncada, avec les légendes suivantes :

En haut :

ANTONIUS MONCADA
HUJUS NOMINIS PRIMUS COMES
ADERNIONIS,

Et en bas :

A GENERALIBUS REGNI COMITYS IN SUMUM (*sic*)
BELLI DUCEM ELIGITUR UT INSIDIANTEM REGINÆ
CABRERAM VALIDO EXERCITU PROPULSARET.

Signé à droite, en bas : J.-V. KESSEL, f. A° 1664.

S. cuivre. — Hauteur, 54 cent. — Longueur, 68 cent.

TÉNIERS (DAVID) le jeune,

et KESSEL (JAN VAN).

3. — Antoine Moncada chasse du seuil de la citadelle, Cabrera marchant sur le palais pour surprendre la reine.

Antoine Moncada, arrivant avec ses troupes au secours de la reine, met en fuite les rebelles commandés par don Bernardo Cabrera, seigneur de Mondica.

Au premier plan, à gauche, Antoine de Moncada, monté sur un cheval blanc, entouré de ses gardes et de ses étendards se dirige au galop vers le fort de la mêlée. — Au second plan, devant la ville, l'armée ennemie, mise en déroute, s'enfuit dans le plus grand désordre.

Signé en bas : D. TÉNIERS.

Ce tableau est entouré d'une riche bordure peinte avec la plus grande variété par J. V. Kessel, représentant des armures, des drapeaux, des fruits, des fleurs et des génies, formant un encadrement remarquable.

En haut, les armoiries de la famille, avec la légende suivante :

ANTONIUS MONCADA
. HUJUS NOMINIS PRIMUS COMES
ADERNIONIS,

Et en bas, avec les armoiries :

CABREAM PALATINAS INVADENTEM ÆDES UT
REGINAM CAPEPET (sic) AB ARCIS LIMINE
ARCET.

Signé à droite en bas : J. V. KESSEL, f.

S. cuivre. — Hauteur, 54 cent. — Longueur, 68 cent.

TÉNIERS (DAVID) le jeune,

et KESSEL (JAN VAN).

4. — Antoine Moncada arrête dans sa fuite la reine consternée d'épouvante, et il l'exhorte à se laisser défendre dans son palais.

Le moment représenté par D. Téniers est celui où Antoine Moncada, triomphant des troupes rebelles, arrive près de la reine, la rassure, quand, effrayée, elle se disposait à s'enfuir.

La reine, déjà au pied de l'escalier, suivie de ses dames d'honneur, à la vue de son libérateur, remercie le ciel. A droite et à gauche, des groupes de guerriers; au premier plan, un jeune page et le chien favori de Téniers.

Signé au bas de l'escalier : D. TÉNIERS, fec.

Ce tableau est entouré d'une riche bordure peinte par J. Van Kessel, représentant des allégories guerrières; à droite et à gauche, deux bustes grisailles : Hercule et Pallas; des génies peints par Téniers se jouent au milieu des canons; des armures de l'époque, des fleurs, des drapeaux et autres attributs, enrichissent ce magnifique encadrement.

On remarque aussi les armoiries de la famille Moncada, avec les légendes suivantes :

En haut .

ANTONIUS MONCADA .
HUJUS NOMINIS PRIMUS COMES
ADERNIONIS,

Et en bas :

CONSTERNATAM METU REGINAM FUGA DETINET
AC UT SE IN IPSA REGIA DEFENDI SINAT
HORTATUR.

Signé à gauche : VAN KESSEL, f. A° 166...

S. cuivre. — Hauteur, 54 cent. — Longueur, 68 cent.

TENIERS (DAVID) le jeune,

et KESSEL (JAN VAN).

5. — Antoine Moncada accompagne jusqu'au rivage la reine dans sa fuite et la remet saine et sauve au commandant de la galère, pour qu'elle puisse se réfugier dans la citadelle.

Téniers représente le moment où la reine, suivie des dames de sa cour, et persistant, à cause du soulèvement, à quitter sa résidence, est conduite par Antoine Moncada jusqu'à la galère qui doit la transporter à Syracuse.

Dans ce tableau, Téniers s'est élevé à la hauteur d'un peintre d'histoire, tant par la beauté des personnages que par leur expression, et la belle exécution du paysage et de la marine.
Signé sur le rivage : D. TÉNIERS f.

Ce tableau est entouré d'une admirable bordure peinte par J. Van Kessel. On ne saurait trop reconnaître l'ingéniosité du peintre, qui, dans ses attributs, rappelle si à propos les sujets maritimes. Les petits génies sont de Téniers; cette collaboration de ces deux grands artistes rend cette composition aussi rare que séduisante.

On remarque aussi les armoiries de la famille Moncada avec les légendes suivantes

En haut :

ANTONIUS MONCADA
HUJUS NOMINIS PRIMUS COMES
ADERNIONIS,

Et en bas :

FUGIENTEM REGINAM ADUSQUÆ LITTUS COMITATUR ET INCOLUMEN NAVARCHO TRADIT UT IN ARCEM SECEDIT.
Deux mots illisibles.

Signé à gauche : J. V. KESSEL.

S. cuivre. — Hauteur, 54 cent. — Longueur, 68 cent.

TÉNIERS (DAVID) le jeune,

et KESSEL (JAN VAN).

6. — Antoine Moncada, retournant dans la ville, chasse les révoltés qui avaient assiégé le palais et s'en étaient rendus maîtres.

Téniers représente Antoine Moncada chargeant les insurgés et les mettant en déroute; au second plan, en avant de la ville, plusieurs épisodes de la bataille.

Signé à droite : D. TÉNIERS.

Ce tableau est entouré d'une bordure peinte par J. V. Kessel, représentant des allégories guerrières du plus grand intérêt, lesquelles sont animées par des petits génies peints par Téniers; à droite et à gauche, des bustes représentant Mars et Vulcain.

Des armes curieuses de l'époque, des armures et autres attributs de guerre, enrichissent par leur variété et le mérite de l'exécution ce magnifique encadrement.

On remarque aussi les armoiries de la famille Moncada avec les légendes suivantes :

En haut :

ANTONIUS MONCADA
HUJUS NOMINIS PRIMUS COMES
ADERNIONIS,

Et en bas :

IN URBEM REDIT (*sic*) IBIQ HOSTIUM TURBAS AM
REGIAM DEPOPULANTES AD FUGAM COGIT
DENOQ PALATIUM OBSIDENDTES (*sic*).

Signé à droite : J. V. KESSEL, f. A° 1664.

S. cuivre. — Hauteur, 54 cent. — Longueur, 68 cent.

TÉNIERS (DAVID) le jeune,

et KESSEL (JAN VAN).

7. — Antoine Moncada, arbitre souverain de la paix et de la guerre, reçoit les grands qui rentrent dans le devoir et accorde généreusement le pardon qu'ils demandent.

Téniers représente Antoine Moncada après sa victoire, debout sous un dais, recevant les chefs des rebelles qui lui présentent les clefs de la ville, sur un plat d'or porté par un petit page.

Signé à droite : D. TÉNIERS f.

Ce tableau est entouré d'une bordure peinte par J. V. Kessel, représentant des attributs de la paix et de la guerre, conformes au motif principal ; des génies couronnés de lauriers manifestent leur joie au milieu de fleurs, d'oiseaux, de trophées, d'instruments de musique, composant un curieux et splendide encadrement.

On remarque aussi les armoiries de la famille Moncada avec les légendes suivantes :

En haut :

ANTONIUS MONCADA
HUJUS NOMINIE PRIMUS COMES
ADERNIONIS,

Et en bas :

SUMUS BELLI AC PACIS ARBITER REDUNTES
IN FIDEM PROCERES EXCIPIT, ET VENIAM
DEPRECANTIBUS SELARGITUR,

Signé à gauche : J. V. KESSEL, f. 1663.

S. cuivre. — Hauteur, 54 cent. — Longueur, 68 cent.

TÉNIERS (DAVID) le jeune,

et KESSEL (JAN VAN).

8. — Antoine Moncada ayant sauvé la reine, reçoit pour récompense une part des contributions royales... (La fin de l'inscription, évidemment incorrecte ou tronquée, ne permet pas d'en affirmer le sens.)

Téniers représente le moment où la reine, placée sous une tente, entourée de ses dames d'honneur et de ses pages, accueille avec faveur Antoine Moncada qui semble prendre congé d'elle. Dans le fond, un vaste paysage, château fort, et une ville au bord de la mer.

Signé : D. TÉNIERS, fec.

Ce tableau est entouré d'une bordure peinte par J. Van Kessel, représentant des fleurs, des fruits, des poissons, portés par des génies dus au pinceau de Téniers. Ces allégories de l'abondance et de la paix, par leur exécution précieuse et par leur composition, forment un charmant encadrement.

On remarque aussi les armoiries de la famille Moncada, avec les légendes suivantes :

En haut :

ANTONIUS MONCADA
HUJUS NOMINIS PRIMUS COMES
ADERNIONIS,

Et en bas :

OBSERVATUM REGINÆ DECUS REGIA ILLA VECTI
GALIA AD BRUCÆ LITTORA CONCEDUNTUR.

Signé à droite en bas : J. V. KESSEL f.

Sur cuivre. — Hauteur, 54 cent. — Longueur, 68 cent.

PRIMO (LOUIS), dit GENTIL,

né à Bruxelles en 1606,

et KESSEL (JAN VAN), le vieux.

9. — Guillaume-Raymond Moncada, troisième de ce
nom, arrive près de la reine Marie, captive et endor-
mie, et il se présente à elle comme un libérateur.

Gentil représente le moment où Guillaume Moncada est introduit
près de la reine par les dames de service. Le peintre a exécuté avec
un soin et un fini remarquables cette composition.

Signé à droite : P. GENTIL.

Ce tableau est entouré d'une riche bordure, peinte avec la plus
grande délicatesse par J. V. Kessel ; des amours suspendent des
guirlandes de fleurs, de fruits ; des vases or, orfévre..., enrichissent
le magnifique encadrement.

On remarque aussi les armoiries de la famille Moncada, avec les
légendes suivantes :

En haut :

GUILIELᵐᵘˢ RAYˢ MONCATA
HUJUS NOMINIS III AUGUSTÆ COMES,

Et en bas :

CAUPTIVÆ, AC DORMIENTI REGINÆ MARIÆ SUPER-
VENIT, CUI SE LIBERATORE EXHIBET.

Cuivre. — Hauteur, 54 cent. — Longueur, 68 cent.

HERP (GÉRARD VAN), élève de Rubens,

et KESSEL (JAN VAN).

10. — Guillaume-Raymond Moncada, troisième de ce nom, transporte sur une puissante trirème la reine, tirée de la citadelle de Catane.

Van Herp a traité ce sujet en peintre d'histoire, et la famille Moncada a fait reproduire cette composition en belle tapisserie des Flandres.

Ce tableau est entouré d'une bordure de J. V. Kessel, représentant des poissons et autres attributs marins qui forment, par leur composition et leur brillante exécution, un magnifique encadrement.

On remarque aussi les armoiries de la famille Moncada dans les légendes suivantes :

En haut :

GIULIEL^{ms} RAY^s MONCATA
HUJUS NOMINIS III AUGUSTÆ COMES,

Et en bas :

REGINAM A CATINENSI ARCE DETRACTA, ALIO
VALIDA TRIREMI TRANSPORTAT.

Cuivre. — Hauteur, 54 cent. — Longueur, 68 cent.

MEULEN (ANTON FRANZ VAN DER),

né à Bruxelles en 1634, mort en 1690,

et KESSEL (JAN VAN).

11. — Guillaume-Raymond Moncada, troisième de ce nom, tire la reine du château d'Agosta et la défend contre Alagon.

Van der Meulen représente le moment où la reine, descendant de la galère, est attendue sur le rivage par des groupes de cavaliers destinés à lui servir d'escorte.

Les figures sont, ainsi que les chevaux, bien peints et bien dessinés, et dans la première manière de Van der Meulen, plus naïve, plus flamande et moins théâtrale que celle qu'il prit à la cour de Louis XIV.

Ce tableau est entouré d'une bordure de J. V. Kessel, représentant des fleurs, des fruits, des poissons, des sacs d'argent, et divers attributs composés avec un goût et un fini qui rendent bien précieux et bien original ce magnifique encadrement.

Signé à gauche, sur le harnais du cheval du premier cavalier :
F. V. MEULEN *fecit*.

On remarque aussi les armoiries de la famille de Moncada avec les légendes suivantes :

En haut :

GIULIEL^ms RAY^s MONCATA
HUJUS NOMINIS III AUGUSTÆ COMES,

Et en bas :

AUGUSTÆ CASTRO REGINAM EXCIPIT ET
ADVERSUS ALAGONIUM TUETUR.

Signé à gauche : J. V. KESSEL, *fecit* 1663.

Cuivre. — Hauteur, 54 cent. — Longueur, 68 cent.

PRIMO (LOUIS), dit GENTIL

et KESSEL (JAN VAN).

12. — Guillaume-Raymond Moncada, troisième de ce nom, devant s'embarquer pour l'Espagne, sollicite une mission de la reine affligée.

Le peintre représente le moment où Moncada s'agenouille devant la reine, avant de prendre congé d'elle ; des courtisans contemplent cette scène.

Signé à droite : L. GENTIL.

Cette composition a été représentée en belle tapisserie des Flandres.

Ce tableau est entouré d'une riche bordure peinte par J. V. Kessel, composée de fleurs, de fruits, d'oiseaux et de coffrets divers renfermant des bijoux, des médaillons, etc., etc., exécutés avec un tel soin et un tel fini, que les légendes et les dates peuvent se lire sur les médailles.

On remarque aussi les armoiries de la famille Moncada, avec les légendes suivantes :

En haut :

GIULIEL^{ms} RAY^s MONCATA
HUJUS NOMINIS III AUGUSTÆ COMES

Et en bas :

A MÆRENTE REGINA MISSIONEM EFFLUGITAT
IN HISPANIAM NAVIGATURUS.

On lit sur le socle du vase de gauche : J. V. KESSEL, et sur celui de droite, le mot *fecit*.

Cuivre. — Hauteur, 54 cent. — Longueur, 68 cent

PRIMO (louis), dit GENTIL

et KESSEL (jan van).

13. — Guillaume-Raymond Moncada, troisième de ce
nom, fait une allocution au roi d'Aragon, et il lui pro-
pose une alliance avec la reine, enlevée à Alagon.

Guillaume Moncada est représenté debout devant le roi d'Aragon
assis sur son trône, ayant près de lui son fils et étant entouré des seigneurs de sa cour.

Signé à droite : p. GENTIL.

Cette composition de Gentil a été reproduite en belle tapisserie des
Flandres.

Ce tableau est entouré d'une riche bordure peinte par J. V. Kessel,
où s'entremêlent des fleurs, des livres, des armes et des attributs
royaux.

On remarque aussi les armoiries de la famille de Moncada, avec les
légendes suivantes :

En haut

GUILIEL.^{mus} RAY^s MONCATA
HUJUS NOMINIS III AUGUSTÆ COMES,

Et en bas :

REGEM ARAGONIÆ ALLOQUITUR ILLIQUE
EREPTAM ALAGONIO REGINAM SPONDET.

Cuivre. — Hauteur, 54 cent. — Longueur, 68 cent.

HERP (GÉRARD VAN)

et KESSEL (JAN VAN).

14. — Guillaume-Raymond Moncada, troisième de ce nom, devant retourner en Espagne, remet la reine à Roger.

Dans une entrevue solennelle, la reine, entourée des grands du royaume et des dames de la cour, est confiée par Moncada à la garde de Roger.

Ce tableau est entouré d'une riche bordure peinte par J. V. Kessel, représentant des guirlandes de fruits et de fleurs entourant des colonnes à chapiteaux dorés; des attributs de guerre, des orfévreries, enrichissent ce bel encadrement.

On remarque également les armoiries de la famille Moncada, avec les légendes suivantes :

En haut :

GULIEL^{ms} RAY^s MONCATA
HUJUS NOMINIS III AUGUSTÆ COMES,

Et en bas :

ROGERIO MONCATE REGINAM TRADIT DENUQ IN
HISPANIAM MIGRATURUS.

Signé sur le piédestal de la colonne de droite :

JAN VAN KESSEL, *fecit* 1663.

Cuivre. — Hauteur, 54 cent. — Longueur, 68 cent.

HERP (GÉRARD VAN)

et KESSEL (JAN VAN).

15. — Guillaume-Raymond Moncada, troisième de ce nom, fournit avec son propre argent des troupes au roi Martin, qui médite l'expédition de Sicile.

2250

Debout, tourné vers le roi, Moncada montre les troupes qu'il a levées de ses deniers et qui débarquent sur le rivage; le roi Martin, la main appuyée sur son épée, et de l'autre tenant son sceptre, est entouré de ses hommes d'armes et de ses pages.

Cette composition de Van Herp a été reproduite en belle tapisserie des Flandres.

Ce tableau est entouré d'une riche bordure peinte par J. V. Kessel, représentant des armures, des étendards et autres attributs de guerre.

On remarque également les armoiries de la famille Moncada avec les légendes suivantes :

En haut :

GIULIEL^{us} RAY^s MONCATA
HUJUS NOMINIS III AUGUST.E COMES,

Et en bas :

MARTINO REGI EXPEDITIONEM SICULAM MEDI-
TANTI (*sic*) PROPRIO ÆRE COPIAS SUPPEDITAT.

Signé en bas près des armoiries :

J V. KESSEL *f.* A° 1663.

S. Cuivre. — Hauteur, 54 cent. — Longueur, 68 cent.

HERP (GÉRARD VAN)

et KESSEL (JAN VAN).

16. — Guillaume-Raymond Moncada, troisième de ce nom, est créé, par le roi Martin, baron de Cerbellio et de Saint-Vincent en Catalogne.

Moncada s'incline devant le roi Martin, qui, en présence des gentilshommes de sa cour, vient de le créer baron. La scène se passe au bord de la mer.

Cette composition de Van Herp a été reproduite en belle tapisserie des Flandres.

Ce tableau est entouré d'une riche bordure peinte par J. V. Kessel, dans laquelle il a reproduit, avec la plus grande variété, des vases, des corbeilles de fleurs et de fruits, des trophées d'armes, et jusqu'à des instruments de travail.

On remarque également les armoiries de la famille Moncada, avec les légendes suivantes :

En haut :

GIULEL^{mis} RAY^c MONCATA
HUJUS NOMINIS III AUGUSTÆ COMES,

Et en bas :

CERBELLIONIS AC Sts VINCENTI BARO IN
CATHALUNIA A MARTINO REGE CREATUR.

Signé en haut dans la bordure, sur un plan d'architecture :
J. V. KESSEL, *fecit* 1663.

Sur cuivre. — Hauteur, 54 cent. — Longueur, 68 cent.

HERP (GÉRARD VAN)

et KESSEL (JAN VAN).

17. — Guillaume-Raymond Moncada reçoit les insignes
de grand-connétable de la Sicile et de grand-maître de
la justice.

Le roi, dans la salle du trône, remet à Moncada, qui est agenouillé
devant lui, et en présence de toute la cour, les insignes des hautes
dignités qu'il vient de lui accorder.

Signé à gauche : J. V. HERP.

Ce tableau est entouré d'une très-belle bordure enguirlandée dans
le haut de fleurs et de fruits, sur les côtés, de riches panoplies d'armes, et en bas, de magnifiques orfévreries aiguères, etc., etc.

On remarque également les armoiries de la famille Moncada, avec
les légendes suivantes :

En haut :

GUILIEL^{ms} RAY^s MONCATA
HUJUS NOMINIS III AUGUSTÆ COMES,

Et en bas :

MAGNE SICILIE CONESTABILIS AC MAGISTER
JUSTITIARY SUMIT INSIGNIA.

Signé en bas au-dessous du plateau d'argent : J. V. KESSEL,
fecit A° 1663.

Cuivre. — Hauteur, 54 cent. — Longueur, 68 cent.

HERP (GÉRARD VAN)

et KESSEL (JAN VAN).

18. — Le roi Martin, l'ancien, retournant en Espagne, confie à Guillaume-Raymond Moncada, troisième de ce nom, le salut du royaume et de son fils.

Le roi Martin, couvert de ses insignes royaux, au moment de quitter son palais, remet le sceptre à son fils et donne ses dernières instructions à Moncada.

Cette composition a été reproduite en belle tapisserie des Flandres.

Signé à droite : G. V. HERP, *fecit*.

Ce tableau est entouré d'une jolie bordure de fleurs, fruits, trophées d'armes et insignes royaux.

On remarque également les armoiries de la famille Moncada, avec les légendes suivantes :

En haut :

GIULIEL^{ms} RAY^s MONCATA
HUJUS NOMINIS III AUGUSTÆ COMES,

Et en bas :

A REGE MARTINO SENIORE HISPANIAM REPETENTE FILY REGIO AC REGNI SALUO ILLI COMITITUR (*sic*).

Signé en haut à droite dans la bordure : J.-V. KESSEL *f.*

Cuivre. — Hauteur, 54 cent. — Longueur, 68 cent.

PRIMO (LOUIS), dit GENTIL

et KESSEL (JAN VAN).

19. — Guillaume-Raymond Moncada, troisième de ce nom, comte d'Agosta, est nommé par le jeune roi Martin, marquis de Malte et de Gozo.

1400

Le jeune roi Martin, assis sur son trône, remet à Moncada les titres de son marquisat.

Signé dans le bas à droite : P. GENTIL.

Ce tableau est entouré d'une très-curieuse bordure peinte par J. V. Kessel, représentant des mappemondes, des plans, des cartes géographiques, oiseaux, fleurs et fruits, traités avec la plus grande délicatesse.

On remarque aussi les armoiries de la famille de Moncada, avec les légendes suivantes :

En haut :

GIULEL^{us} RAY^s MONCATA
HUJUS NOMINIS III AUGUSTÆ COMES,

Et en bas :

A REGE MARTINO JUNIORE MELITÆ ET GOZI
MARCHIO VENUNCIATUR.

Signé à gauche : J. V. KESSEL, et à droite : Anno 1663.

Cuivre. — Hauteur, 54 cent. — Longueur, 68 cent.

PRIMO (Louis), dit GENTIL

et KESSEL (Jan van).

20. — Guillaume-Raymond Moncada, troisième de ce nom, comte d'Agosta, plénipotentiaire royal, soumet les rebelles, partie par la clémence, partie par les supplices.

Le peintre nous représente Moncada, grand justicier, accordant leur grâce aux rebelles qui lui sont amenés par des hommes d'armes.

Ce tableau est entouré d'une intéressante bordure représentant dans le haut des fruits, des fleurs, et dans le bas des écritoires, des instruments de supplice sur lesquels malicieusement sont placés un perroquet, un singe, un écureuil, etc.

On remarque aussi les armoiries de la famille de Moncada, avec les légendes suivantes :

En haut :

GIULIEL^{ms} RAY^s MONCATA
HUJUS NOMINIS III AUGUSTÆ COMES,

Et en bas :

REGIUS PLENIPOTENTIARUS VEBILLÉS PARTIM
VENIA PARTIM SUPPLICIE CONFICIT.

Signé à gauche : J. V. Kessel *fecit*, et à droite : Anno 1663.

S. Cuivre. — Hauteur, 55 cent. — Longueur, 68 cent.

COELLO (CLAUDE), 1621-1693.

21. — Charles II.

Le grand tableau représentant le roi Charles II adorant le Saint-Sacrement, après le miracle des saintes hosties, est admiré dans son palais de l'Escurial sous la dénomination de *Las Santas Formas*.

Étude d'après nature, ayant servi à Coëllo pour son grand tableau.

Toile ovale. — Hauteur, 77 cent. — Longueur, 62 cent.

22. — Portrait du prieur du couvent de l'Escurial, présentant le Saint-Sacrement au roi Charles II.

Étude d'après nature, ayant servi à Coëllo pour son grand tableau.

Toile ovale. — Hauteur, 77 cent. — Longueur, 62 cent.

MEUBLE

BONHEUR DU JOUR

23. — Petit secrétaire, Bonheur du jour, en bois de rose, garni de plaques en vieux Sèvres, pâte tendre, et d'ornements en bronze ciselé et doré.

29700

Il s'ouvre au moyen d'une porte à battants formant secrétaire, enrichie de deux grandes et belles plaques en Sèvres, représentant des vases de fleurs d'une excessive finesse d'exécution, avec encadrements bleu turquoise et or. Au-dessous de cette porte se trouve un tiroir à secret orné de trois autres plaques à décor de fleurs. Les côtés du meuble sont de forme contournée et présentent deux étagères à galerie avec fond en demi-lune, exécuté en marqueterie de bois. Des bronzes d'applique finement ciselés et d'une grande richesse d'ornementation, tels que : frise à baldaquin et tiges de feuilles de chêne, se détachant sur fond de fer bleu, des guirlandes de fleurs et fruits appendues à des nœuds de rubans, des mufles de lions, des filets et moulures variés, décorent toutes les parties de ce petit meuble, qui repose sur quatre pieds à cannelures de cuivre uni, reliés par une tablette à galerie. Cette tablette, les étagères et le dessus du meuble, sont en marbre blanc.

par M. Carlin

Ce petit bonheur du jour, qui date de la meilleure époque du règne de Louis XVI, est un véritable bijou de délicatesse, d'élégance et de bon goût.

Les plaques en Sèvres qui décorent la porte ont chacune 30 centimètres de haut sur 23 de large. Le meuble mesure 1 mètre 8 centimètres de haut sur 1 mètre de large et 33 centimètres de profondeur.

PORCELAINES

PORCELAINES

DE SÈVRES, DE CHINE ET DE SAXE

24. Très-beau service en ancienne porcelaine de
Sèvres, pâte tendre, décoré de jetés de fleurs avec encadrements rocaille à hachures bleues et or. Modèle
dit feuille de chou. Époque Louis XV. *10,000*

Il se compose de cent quarante-cinq pièces :

Quatre seaux à anses détachées ;
Deux glacières avec couvercles ; *manque 1 bassin*
Quatre jardinières de forme oblongue ; *1 feléé*
Quatre sucriers ovales à plateaux et couvercles ; *1 sucrier felé, 1 bouton de couvercle cassé*
Dix compotiers ronds ; *1 egrené*
Huit compotiers ovales ;
Cinq autres plus petits ;
Huit plateaux en forme de losange ;
Six autres triangulaires ;
Trois compotiers forme coquille ; *1 avec petite. egrenure*
Deux autres carrés ;
Un saladier rond ;
Quatre-vingt-huit assiettes plates. *18 avec egrenures*

25. — Cabaret en ancienne porcelaine de Sèvres, pâte tendre, époque Louis XVI.

Il se compose de :

1° Un plateau, en forme de losange à angles arrondis, décoré au centre d'un charmant médaillon représentant une corbeille de fleurs, déposée à terre sur la terrasse d'un parc. Élégante bordure de roses alternées de fleurettes, avec entourage de guirlandes de feuilles et encadrement bleu de roi et or ;
2° Un pot à crème ;
3° Un sucrier ;
4° Six tasses avec soucoupes ;
5° Deux assiettes, de même décor.

Ce cabaret est contenu dans son étui du temps.

26. — Deux grands et beaux vases à couvercles, en porcelaine de Chine de très-ancienne qualité. Forme balustre. Riche décor en émaux de couleurs, à fleurs , oiseaux fantastiques, arbustes et ornements variés.

Ces vases sont placés sur des socles-trépieds à griffes de lion, en bois sculpté et doré.

Hauteur, 85 centimètres

27. — Service en ancienne porcelaine de Saxe, décoré de bouquets de fleurs et d'insectes sur fond
blanc ; bordures gaufrées en manière de vannerie.

Il se compose de cent soixante-trois pièces :

Cinquante-six assiettes, bordures à jour ;
Quatre-vingt-trois assiettes plates et creuses ;
Trois plats ronds très-grands ;
Six autres ;
Deux plus petits ;
Deux autres ;
Cinq petits plats creux ;
Deux autres ;
Quatre plats ovales ;
Trois compotiers.

TAPISSERIES

TAPISSERIES

28. — 1° Belle tapisserie des Flandres, reproduisant le
tableau de VAN HERP et VAN KESSEL, décrit sous le n° 10
du présent catalogue.

Haut^r 4 mèt., larg^r 6^m60.

29. — 2° Tapisserie représentant le tableau de P. GENTIL
et VAN KESSEL, décrit sous le n° 12 du présent catalogue.

Haut^r 4 mèt., larg^r 7^m40.

30. — 3° Tapisserie reproduisant le tableau de P. GENTIL
et VAN KESSEL, catalogué sous le n° 13.

Haut^r 4 mèt., larg^r 5^m20

3400

31. — 4° Tapisserie reproduisant le tableau de VAN HERP et VAN KESSEL, décrit sous le n° 15 du présent catalogue.

Haut^r 4 mèt., larg^r 4^m70.

4500

32. — 5° Tapisserie reproduisant le tableau de VAN HERP et VAN KESSEL, catalogué sous le n° 16.

Haut^r 4 mèt., larg^r 4^m70.

3705

33. — 6° Tapisserie reproduisant le tableau de VAN HERP et VAN KESSEL, décrit sous le n° 18 du présent catalogue.

Haut^r 4 mèt., larg^r 7^m70.

PARIS. — IMPRIMERIE POUGIN, 15, QUAI VOLTAIRE